河南省工程建设标准

# 城市道路功能化复合封层技术标准

**Technical standard for functional composite seal of urban road**

**DBJ41/T 253-2021**

主编单位:郑州市市政工程勘测设计研究院
　　　　　河南省高远公路养护技术有限公司
批准单位:河南省住房和城乡建设厅
施行日期:2021 年 11 月 1 日

黄河水利出版社
2021　郑州

**图书在版编目(CIP)数据**

城市道路功能化复合封层技术标准/郑州市市政工程勘测设计研究院,河南省高远公路养护技术有限公司主编. —郑州:黄河水利出版社,2021.9

ISBN 978-7-5509-3101-5

Ⅰ.①城…  Ⅱ.①郑… ②河…  Ⅲ.①城市道路-路面面层-道路施工-技术标准  Ⅳ.①U416.2-65

中国版本图书馆 CIP 数据核字(2021)第 189577 号

---

出 版 社:黄河水利出版社

地址:河南省郑州市顺河路黄委会综合楼 14 层  邮政编码:450003

发行单位:黄河水利出版社

发行部电话:0371-66026940、66020550、66028024、66022620(传真)

E-mail:hhslcbs@126.com

承印单位:郑州豫兴印刷有限公司

开本:850 mm×1 168 mm  1/32

印张:1.25

字数:31 千字

版次:2021 年 9 月第 1 版  印次:2021 年 9 月第 1 次印刷

---

定价:32.00 元

# 河南省住房和城乡建设厅文件

公告〔2021〕69 号

---

## 河南省住房和城乡建设厅<br>关于发布工程建设标准《城市道路功能化复合封层技术标准》的公告

现批准《城市道路功能化复合封层技术标准》为我省工程建设地方标准，编号为 DBJ41/T 253-2021，自 2021 年 11 月 1 日起在我省施行。

本标准在河南省住房和城乡建设厅门户网站（www. hnjs. gov. cn）公开，由河南省住房和城乡建设厅负责管理。

附件：《城市道路功能化复合封层技术标准》

河南省住房和城乡建设厅

2021 年 9 月 24 日

# 前　言

根据《河南省住房和城乡建设厅关于印发〈2019 年第二批工程建设标准（定额）编制计划〉的通知》（豫建科〔2019〕372 号）的要求，标准编制组经广泛调查研究，认真总结实践经验，参考有关国内标准和国内外先进经验并在广泛征求意见的基础上，编制本标准。

本标准共分 7 章，主要内容包括总则、术语、基本规定、材料、路面技术状况检测及要求、施工要求、质量检查与验收。

本标准由河南省住房和城乡建设厅负责管理，由郑州市市政工程勘测设计研究院负责具体技术内容的解释。在执行过程中，如有意见和建议，请及时反馈（地址：郑州市郑东新区民生路 1 号，邮编：450046，电话：0371-61650570）。

**主编单位：**郑州市市政工程勘测设计研究院
河南省高远公路养护技术有限公司

**参编单位：**郑州市市政工程管理处
郑州市环城快速公路管理处
郑开大道市政管理处
河南交院工程技术集团有限公司
新乡市市政设计研究院有限公司
新乡市交通运输综合服务中心
郑州腾飞建设工程集团有限公司
永城市规划建筑设计所
河南中豫路桥工程有限公司
河南盛嘉道路工程有限公司

**主要起草人：**乔建伟　刘廷国　崔亚新　李生隆　安振源

尚　波　张保雷　李忠玉　张拥军　扶涛涛
张　庆　杨　昊　常东辉　刘玉恒　季　坤
邵占卫　曹东辉　高　运　李　捷　马国强
周朋武　陈　闯　郭蔚虹　王　淞　曾　瑞
曾　浩　李乐辉　许志勇　王天元　郑继红
胡劲松　郭文松　崔立楠　荀建伟　乔　建
梅笑冬

**主要审查人：**吴纪东　邓志坤　张红春　张光海　王笑风
汪德才　黄铁安

# 目　次

# 1 总 则

**1.0.1** 为规范功能化复合封层技术在设计、施工和质量验收中的各项技术指标,做到技术先进、安全适用、经济合理,确保工程质量,制定本标准。

**1.0.2** 本标准适用于新建、改建及养护的城镇道路路面功能化复合封层的设计、施工及验收。

**1.0.3** 复合封层的设计、施工及验收除应符合本标准外,尚应符合国家现行有关标准的规定。

# 2 术 语

**2.0.1** 复合封层 composite seal

由同步碎石封层和精细抗滑保护层组合而成的表面封层,用以延缓反射裂缝并提高路面防水性能、抗滑性能和路面表观。

**2.0.2** 同步碎石封层 synchronous chip seal

采用专用设备将改性沥青或改性乳化沥青胶结料、碎石同步洒(撒)布在路面上,经胶轮压路机碾压后形成的封层。

**2.0.3** 精细抗滑保护层 fine anti-slip seal

采用专用设备将聚合物改性乳化沥青、集料、填料、水、添加剂等按照设计配合比在常温下经强力搅拌后在同步碎石封层上摊铺形成的超薄罩面。

**2.0.4** 精铣刨 fine milling

通过在标准铣刨工艺的基础上增加铣削转子(铣刨鼓)的数量,刀间距不大于 8 mm 的铣刨工艺。

# 3 基本规定

**3.0.1** 复合封层设计前应对原路面进行技术状况检测与评定，检测方法和评定要求应符合现行《城镇道路养护技术规范》CJJ 36的规定。

**3.0.2** 复合封层施工前应对原路面进行精铣刨，并设置粘层。

**3.0.3** 复合封层由同步碎石封层和精细抗滑保护层组成，总厚度宜为12~18 mm。

**3.0.4** 复合封层结合料宜为SBR改性乳化沥青，施工中若受开放交通、工期等因素影响，同步碎石封层可采用SBS改性沥青作为结合料。

**3.0.5** 复合封层施工应遵守国家和地方相关法规规定。

# 4 材 料

## 4.1 SBR 改性乳化沥青

**4.1.1** 用于粘层的 SBR 改性乳化沥青技术指标应符合表 4.1.1 的规定。

**表 4.1.1 用于粘层的 SBR 改性乳化沥青技术指标**

<table>
<tr><th colspan="2">试验项目</th><th>单位</th><th>技术要求</th><th>试验方法</th></tr>
<tr><td colspan="2">破乳速度</td><td>—</td><td>快裂或中裂</td><td>T 0658</td></tr>
<tr><td colspan="2">粒子电荷</td><td>—</td><td>阳离子(+)</td><td>T 0653</td></tr>
<tr><td colspan="2">筛上剩余量(1.18 mm),≤</td><td>%</td><td>0.1</td><td>T 0652</td></tr>
<tr><td rowspan="2">黏度</td><td>恩格拉黏度 $E_{25}$</td><td>—</td><td>1~10</td><td>T 0622</td></tr>
<tr><td>沥青标准黏度 $C_{25.3}$</td><td>s</td><td>8~25</td><td>T 0621</td></tr>
<tr><td rowspan="5">蒸发残留物</td><td>含量,≥</td><td>%</td><td>50</td><td>T 0651</td></tr>
<tr><td>针入度(100 g,25 ℃,5 s)</td><td>0.1 mm</td><td>40~120</td><td>T 0604</td></tr>
<tr><td>软化点,≥</td><td>℃</td><td>60</td><td>T 0606</td></tr>
<tr><td>延度(5 ℃),≥</td><td>cm</td><td>20</td><td>T 0605</td></tr>
<tr><td>溶解度(三氯乙烯),≥</td><td>%</td><td>97.5</td><td>T 0607</td></tr>
<tr><td colspan="2">与矿料的黏附性,裹覆面积,≥</td><td>—</td><td>2/3</td><td>T 0654</td></tr>
<tr><td rowspan="2">贮存稳定性</td><td>1 d,≤</td><td>%</td><td>1</td><td rowspan="2">T 0655</td></tr>
<tr><td>5 d,≤</td><td>%</td><td>5</td></tr>
</table>

**4.1.2** 用于精细抗滑保护层的 SBR 改性乳化沥青技术要求应符合表 4.1.2 的规定。

表 4.1.2　用于精细抗滑保护层的 SBR 改性乳化沥青技术要求

<table>
<tr><th colspan="2">试验项目</th><th>单位</th><th>技术要求</th><th>试验方法</th></tr>
<tr><td colspan="2">破乳速度</td><td>—</td><td>慢裂</td><td>T 0658</td></tr>
<tr><td colspan="2">粒子电荷</td><td>—</td><td>阳离子(+)</td><td>T 0653</td></tr>
<tr><td colspan="2">筛上剩余量(1.18 mm),≤</td><td>%</td><td>0.1</td><td>T 0652</td></tr>
<tr><td rowspan="2">黏度</td><td>恩格拉黏度 $E_{25}$</td><td>—</td><td>3~30</td><td>T 0622</td></tr>
<tr><td>沥青标准黏度 $C_{25.3}$</td><td>s</td><td>12~60</td><td>T 0621</td></tr>
<tr><td rowspan="5">蒸发残留物</td><td>含量,≥</td><td>%</td><td>60</td><td>T 0651</td></tr>
<tr><td>针入度(100 g,25 ℃,5 s)</td><td>0.1 mm</td><td>40~100</td><td>T 0604</td></tr>
<tr><td>软化点,≥</td><td>℃</td><td>60</td><td>T 0606</td></tr>
<tr><td>延度(5 ℃),≥</td><td>cm</td><td>20</td><td>T 0605</td></tr>
<tr><td>溶解度(三氯乙烯),≥</td><td>%</td><td>97.5</td><td>T 0607</td></tr>
<tr><td colspan="2">与矿料的黏附性,裹覆面积,≥</td><td>—</td><td>—</td><td>T 0654</td></tr>
<tr><td rowspan="2">贮存稳定性</td><td>1 d,≤</td><td>%</td><td>1</td><td rowspan="2">T 0655</td></tr>
<tr><td>5 d,≤</td><td>%</td><td>5</td></tr>
</table>

**4.1.3**　用于同步碎石封层的 SBR 改性乳化沥青技术要求应符合表 4.1.3 的规定。

表 4.1.3　用于同步碎石封层的 SBR 改性乳化沥青技术要求

| 试验项目 | 单位 | 技术要求 | 试验方法 |
|---|---|---|---|
| 破乳速度 | — | 快裂或中裂 | T 0658 |
| 粒子电荷 | — | 阳离子(+) | T 0653 |
| 筛上剩余量(1.18 mm),≤ | % | 0.1 | T 0652 |

续表 4.1.3

<table>
<tr><th colspan="2">试验项目</th><th>单位</th><th>技术要求</th><th>试验方法</th></tr>
<tr><td rowspan="2">黏度</td><td>恩格拉黏度,$E_{25}$</td><td>—</td><td>1~10</td><td>T 0622</td></tr>
<tr><td>沥青标准黏度 $C_{25,3}$</td><td>s</td><td>8~25</td><td>T 0621</td></tr>
<tr><td rowspan="5">蒸发残留物</td><td>含量,≥</td><td>%</td><td>60</td><td>T 0651</td></tr>
<tr><td>针入度(100 g,25 ℃,5 s)</td><td>0.1 mm</td><td>40~120</td><td>T 0604</td></tr>
<tr><td>软化点,≥</td><td>℃</td><td>60</td><td>T 0606</td></tr>
<tr><td>延度(5 ℃),≥</td><td>cm</td><td>20</td><td>T 0605</td></tr>
<tr><td>溶解度(三氯乙烯),≥</td><td>%</td><td>97.5</td><td>T 0607</td></tr>
<tr><td colspan="2">与矿料黏附性,裹覆面积,≥</td><td>—</td><td>2/3</td><td>T 0654</td></tr>
<tr><td rowspan="2">贮存稳定性</td><td>1 d,≤</td><td>%</td><td>1</td><td rowspan="2">T 0655</td></tr>
<tr><td>5 d,≤</td><td>%</td><td>5</td></tr>
</table>

## 4.2 SBS 改性沥青

**4.2.1** 用于同步碎石封层的 SBS 改性沥青技术要求应符合表 4.2.1 的规定。

**表 4.2.1 用于同步碎石封层的 SBS 改性沥青技术要求**

| 指标 | 单位 | 技术要求 | 试验方法 |
|---|---|---|---|
| 针入度 25 ℃,100 g,5 s | 0.1 mm | 40~60 | T 0604 |
| 针入度指数 $PI$,≥ | — | 0 | T 0604 |
| 延度 5 ℃,5 cm/min,≥ | cm | 20 | T 0605 |
| 软化点 $T_{R\&B}$,≥ | ℃ | 60 | T 0606 |
| 运动黏度[①]135 ℃,≤ | Pa·s | 3 | T 0625 或<br>T 0619 |

**续表 4.2.1**

| 指标 | 单位 | 技术要求 | 试验方法 |
| --- | --- | --- | --- |
| 闪点,≥ | ℃ | 230 | T 0611 |
| 溶解度,≥ | % | 99 | T 0607 |
| 弹性恢复 25 ℃,≥ | % | 75 | T 0662 |
| 贮存稳定性[②]离析,48 h,软化点差,≤ | ℃ | 2.5 | T 0661 |
| TFOT(或 RTFOT)后残留物 | | | |
| 质量变化,≤ | % | ±1.0 | T 0610 或 T 0609 |
| 针入度比 25 ℃,≥ | % | 65 | T 0604 |
| 延度 5 ℃,≥ | cm | 15 | T 0605 |

注:①表中 135 ℃运动黏度可采用国家现行标准《公路工程沥青及沥青混合料试验规程》JTJ E20 中的“沥青旋转黏度试验方法(布洛克菲尔德黏度计法)”进行测定。若在不改变改性沥青物理力学性质并符合安全条件的温度下易于泵送和搅拌,或经证明适当提高泵送和搅拌温度时能保证改性沥青的质量,容易施工,可不要求测定。

②贮存稳定性指标适用于工厂生产的成品改性沥青。现场制作的改性沥青对贮存稳定性指标可不做要求,但必须在制作后,保持不间断的搅拌或泵送循环,保证使用前没有明显的离析。

**4.2.2** 制造改性沥青的基质沥青应与改性剂有良好的配伍性,其质量宜符合 A 级或 B 级道路石油沥青的技术要求。

## 4.3 集 料

**4.3.1** 用于同步碎石封层的集料应选择坚硬耐磨的玄武岩、辉绿岩、石灰岩等岩石破碎而成的单一粒径石料,其最小粒径与最大粒径之比应为 0.6~0.7,其技术指标应符合表 4.3.1 的要求。

**表 4.3.1 同步碎石封层用粗集料质量要求**

| 指标 | 单位 | 技术要求 | 试验方法 |
| --- | --- | --- | --- |
| 石料压碎值,≤ | % | 20 | T 0316 |
| 针片状颗粒含量,≤ | % | 10 | T 0312 |
| 洛杉矶磨耗损失,≤ | % | 28 | T 0317 |
| 表观相对密度,≥ | — | 2.6 | T 0304 |
| 吸水率,≤ | % | 2.0 | T 0304 |
| 坚固性,≤ | % | 12 | T 0314 |
| 水洗法<0.075 mm 颗粒含量,≤ | % | 1 | T 0310 |
| 软石含量,≤ | % | 3 | T 0320 |
| 与沥青的黏附性,≥ | — | 4 | T 0616 或 T 0663 |

**4.3.2** 精细抗滑保护层可采用不同规格的粗细集料、矿粉等掺配而成,粗集料应选择坚硬、粗糙、耐磨、洁净的集料,细集料宜采用碱性石料生产的机制砂,其技术指标应符合表 4.3.2 的要求。

**表 4.3.2 精细抗滑保护层用粗、细集料质量要求**

| 集料 | 指标 | 单位 | 技术要求 | 试验方法 | 备注 |
| --- | --- | --- | --- | --- | --- |
| 粗集料 | 石料压碎值,≤ | % | 26 | T 0316 | |
| | 洛杉矶磨耗损失,≤ | % | 28 | T 0317 | |
| | 石料磨光值,≥ | BPN | 42 | T 0321 | |
| | 坚固性,≤ | % | 12 | T 0314 | |
| | 针片状颗粒含量,≤ | % | 15 | T 0312 | |
| 细集料 | 坚固性,≤ | % | 12 | T 0340 | >0.3 mm 部分 |
| | 亚甲蓝,≤ | g/kg | 25 | T 0349 | |
| 矿料 | 砂当量,≥ | % | 65 | T 0334 | 合成矿料中<4.75 mm 部分 |

## 4.4 填　料

**4.4.1** 可添加的填料有矿粉、水泥、消石灰等，填料应干燥、疏松，无结团，不得含有泥土杂质，矿粉质量应符合表 4.4.1 的规定，水泥宜选用 42.5 普通硅酸盐水泥或复合硅酸盐水泥。

**表 4.4.1　矿粉质量要求**

| 项目 | | 单位 | 粗型 | 细型 | 试验方法 |
|---|---|---|---|---|---|
| 表观密度 | | $t/m^3$ | ≥2.50 | ≥2.45 | T 0352 |
| 含水率 | | % | ≤1 | ≤1 | T 0103 烘干法 |
| 粒度范围 | <0.6 mm | % | 100 | 100 | T 0351 |
| | <0.15 mm | % | 90~100 | 90~100 | |
| | <0.075 mm | % | 75~100 | 70~100 | |
| 外观 | | — | 无团粒结块 | | — |
| 亲水系数 | | — | <1 | | T 0353 |
| 塑性指数 | | % | <4 | | T 0354 |
| 加热安定性 | | — | 实测记录 | | T 0355 |

**4.4.2** 矿粉的主要作用是改善矿料级配，水泥的主要作用是调整稀浆混合料的可拌和时间、成浆状态和成型速度。

## 4.5 水和添加剂

**4.5.1** 施工用水不得含有有害的可溶性盐类、能引起化学反应的物质和其他污染物，一般采用可饮用水。

**4.5.2** 添加剂的主要作用是调节稀浆混合料可拌和时间、破乳速度、开放交通时间等施工性能，并在一定程度上改变混合料的路用性能。

**4.5.3** 添加剂的掺加不应对混合料路用性能产生影响,未经试验验证的添加剂不得在施工中采用。

# 5 路面技术状况检测及要求

## 5.1 沥青混凝土路面

**5.1.1** 沥青混凝土路面评价内容包括路面结构强度、路面状况指数(*PCI*)、路面行驶质量指数(*RQI*)、抗滑指标(*BPN*、*SFC*、*TD*)、渗水指标。

**5.1.2** 沥青混凝土路面结构强度应符合表5.1.2的规定。

**表 5.1.2 沥青混凝土路面结构强度评价标准**

| 道路等级 | 碎砾石基层弯沉值（0.01 mm） | 半刚性基层弯沉值（0.01 mm） |
|---|---|---|
| 支路 | ≤98 | ≤77 |
| 次干路 | ≤77 | ≤56 |
| 主干路 | ≤60 | ≤42 |
| 快速路 | ≤46 | ≤31 |

**5.1.3** 沥青混凝土路面状况指数(*PCI*)和路面行驶质量指数(*RQI*)应符合表5.1.3的规定。

**表 5.1.3 路面状况指数和路面行驶质量指数评价标准**

| 道路等级 | 路面状况指数 *PCI* | 路面行驶质量指数 *RQI* |
|---|---|---|
| 支路 | ≥65 | ≥2.8 |
| 次干路 | ≥70 | ≥3.0 |
| 主干路 | ≥70 | ≥3.0 |
| 快速路 | ≥75 | ≥3.6 |

注:1. OGFC 路面、SMA 路面指标应根据实测情况进行单独综合评定。
2. 路面车辙深度不大于 10 mm。

**5.1.4** 沥青混凝土路面抗滑指标和渗水指标宜符合表 5.1.4 的规定。

表 5.1.4 抗滑指标和渗水指标评价标准

| 交通量等级 | 抗滑指标 | | | 渗水指标 |
|---|---|---|---|---|
| | 摆值 *BPN* | 横向力系数 *SFC* | 构造深度 *TD*（mm） | 渗水系数（mL/min） |
| 支路 | — | — | — | ≥300 |
| 次干路 | — | — | — | ≥300 |
| 主干路 | ≤40 | ≤40 | ≤0.45 | ≥200 |
| 快速路 | ≤42 | ≤42 | ≤0.45 | ≥200 |

## 5.2 水泥混凝土路面

**5.2.1** 水泥混凝土路面技术状况评价内容包括路面状况指数（*PCI*）和路面行驶质量指数（*RQI*）。

**5.2.2** 水泥混凝土路面状况指数（*PCI*）和路面行驶质量指数（*RQI*）应符合表 5.2.2 的规定。

表 5.2.2 路面状况指数和路面行驶质量指数评价标准

| 道路等级 | 路面状况指数 *PCI* | 路面行驶质量指数 *RQI* |
|---|---|---|
| 支路 | ≥65 | ≥2.8 |
| 次干路 | ≥70 | ≥3.0 |
| 主干路 | ≥70 | ≥3.0 |
| 快速路 | ≥75 | ≥3.6 |

# 6 施工要求

## 6.1 一般规定

**6.1.1** 复合封层不应在雨天施工,若施工中遇雨或者混合料尚未成型就遇雨,应及时采取覆盖措施。

**6.1.2** 复合封层应采用专用机械施工,施工期和养生期的温度应不低于 10 ℃,且不宜高于 50 ℃。

**6.1.3** 各种材料须进行质量检验,合格后方可使用。

## 6.2 配合比设计

**6.2.1** 精细抗滑保护层混合料的类型应根据使用要求、原路面状况、交通量、气候条件等因素选择,并进行混合料配合比设计和路用性能验证,根据试验结果确定混合料配合比。

**6.2.2** 用于精细抗滑保护层的集料采用不同规格粗、细集料掺配而成,快速路、主干路应选择粗型级配,其他道路宜选择细型级配,矿料级配范围应符合表 6.2.2 的规定。

**表 6.2.2 精细抗滑保护层(拌和型)矿料级配范围**

| 级配类型 | 通过下列筛孔(mm)的质量百分率(%) | | | | | | | |
|---|---|---|---|---|---|---|---|---|
| | 9.5 | 4.75 | 2.36 | 1.18 | 0.6 | 0.3 | 0.15 | 0.075 |
| 细型 | 100 | 65~95 | 35~70 | 25~50 | 15~35 | 11~24 | 8~15 | 6~12 |
| 粗型 | 100 | 55~80 | 35~60 | 25~40 | 16~28 | 10~20 | 5~15 | 4~12 |

注:填料计入矿料级配。

**6.2.3** 精细抗滑保护层所用稀浆混合料应满足表 6.2.3 中技术指标的要求。

表 6.2.3　稀浆混合料技术指标

| 试验项目 | | 单位 | 技术指标 | 试验方法 |
| --- | --- | --- | --- | --- |
| 可拌和时间(25 ℃),≥ | | s | 120 | T 0757 |
| 黏聚力试验,≥ | 30 min(初凝时间) | N·m | 1.2 | T 0754 |
| | 60 min(开放交通时间) | | 2.0 | |
| 负荷车轮黏附砂量,≤ | | $g/m^2$ | 450 | T 0755 |
| 湿轮磨耗损失,≤ | 浸水 1 h | $g/m^2$ | 540 | T 0752 |
| | 浸水 6 d | $g/m^2$ | 800 | |
| 轮辙变形试验的宽度变化率,≤ | | % | 5 | T 0756 |
| 配伍性等级值,≥ | | — | 11 | T 0758 |

**6.2.4**　混合料配合比设计还应符合现行《路面稀浆罩面技术规程》CJJ/T 66 的相关规定。

## 6.3　施工准备

**6.3.1**　复合封层施工前应对原路面的病害进行处治,处治方法应符合现行《城镇道路养护技术规范》GJJ 36 中沥青路面和水泥混凝土路面病害处治的规定。

**6.3.2**　施工所需各类机械和辅助工具均应齐备,并保证良好工作状态,对摊铺和洒(撒)布设备等应进行标定。

**6.3.3**　施工前应对井盖、路缘石等道路附属设施采取保护措施。

## 6.4　试验段铺筑

**6.4.1**　正式施工前应进行试验段施工,试验段长度不宜小于 200 m。

**6.4.2**　施工配合比应在设计配合比的基础上,结合原路面状况、现场材料、气温、湿度、交通量等情况做相应调整。

**6.4.3** 试验段结束后应编制试验段报告,应包括施工配合比、施工工艺等参数,并应作为正式施工依据。

## 6.5 精铣刨

**6.5.1** 施工前应对原路面进行精铣刨,宜配备“多点找平系统”,以提高精铣刨后表面平整度。原路面有标高要求时,铣刨厚度应与复合封层厚度一致;原路面无标高要求时,宜精铣刨 5 mm 左右。

**6.5.2** 精铣刨过程中速度宜控制在 4~8 m/min,精铣刨后路表纹理线型及粗糙度应顺直、均匀。使用过程中发现因个别刀头损坏严重,出现铣刨面不均匀现象时,应立即更换。

**6.5.3** 精铣刨时应采取措施抑制扬尘,对铣刨后的路面应清洗或清扫干净。

**6.5.4** 施工过程中应对精铣刨进行检查,检验要求应符合表 6.5.4 的规定。

**表 6.5.4 精铣刨施工过程检验要求**

| 检验项目 | 检验频度 | 质量要求或允许偏差 | 试验方法 |
|---|---|---|---|
| | | 快速路、主干路、其他道路 | |
| 整体外观 | 随时 | 构造深度均匀,表面洁净 | 目测 |
| 铣刨机摆动幅度(cm/m) | 随时 | ≤ 3 | 沿铣刨边线用钢尺测量 |
| 铣刨深度(mm) | 每 1 000 $m^2$ 检验 10 处 | 按设计要求 | 塞尺测量 |
| 平整度最大间隙 $h$(mm) | 每车道每 200 m 测 2 处×5 尺 | ≤ 5 | JTG 3450(T 0931) |
| 宽度(cm) | 每 100 m 检验 1 处 | 设计宽度±2 | JTG 3450(T 0911) |

## 6.6 粘　层

**6.6.1** 粘层应采用 SBR 改性乳化沥青，粘层洒布量沥青路面宜为 0.3～0.6 L/$m^2$，水泥路面宜为 0.3～0.5 L/$m^2$。

**6.6.2** 粘层应采用沥青洒布车喷洒，洒布速度和喷洒量保持稳定，喷洒前原路面应保持洁净、干燥。

**6.6.3** 喷洒的粘层油应呈均匀雾状，在路面全宽度内均匀分布。待乳化沥青破乳、水分蒸发完成后，铺筑同步碎石封层，铺筑前应避免层间污染。

## 6.7 同步碎石封层

**6.7.1** 应采用同步碎石封层机进行施工，保证不漏洒、不露白、不掉料。对大型施工机具难以施工的局部位置，可采用人工沥青洒布设备洒布沥青，对未达到预定碎石撒布量的地方，应采用人工进行补撒，碎石应 100%均匀覆盖，胶结料积聚处应予以刮除。

**6.7.2** 集料撒布前宜采用快、中凝液体石油沥青进行预裹覆，油石比 0.2%～0.5%，预裹覆面积≥70%。

**6.7.3** 同步碎石封层用碎石宜为 4.75～9.5 mm，当交通量大、原路面状况较差时，可采用 9.5～13.2 mm，同步碎石封层材料推荐用量见表 6.7.4。

**表 6.7.4 同步碎石封层材料推荐用量**

| 序号 | 碎石规格（mm） | 碎石用量（$m^3$/1 000 $m^2$） | SBR 改性乳化沥青用量（kg/$m^2$） | SBS 改性沥青用量（kg/$m^2$） |
|---|---|---|---|---|
| 1 | 4.75～9.5 | 9～12 | 1.9～2.2 | 1.1～1.5 |
| 2 | 9.5～13.2 | 11～14 | 2.1～2.4 | 1.4～1.8 |

**6.7.4** 当同步碎石封层采用 SBS 改性沥青时，撒布集料后应立即碾压，当采用 SBR 改性乳化沥青时，应在其破乳前碾压完毕。

碾压宜采用轮胎压路机碾压 2~3 遍，压路机吨位宜为 9~16 t。每次轮迹重叠约 300 mm。碾压速度开始不宜超过 2 km/h，以后可适当增加，但不宜超过 3 km/h。同步碎石封层成型后，应采用专用余料回收设备回收多余的路表碎石。

**6.7.5** 施工过程中应对同步碎石封层进行检查，检验要求应符合表 6.7.5 的规定。

**表 6.7.5 同步碎石封层施工过程检验要求**

| 项目 | 要求 | 检验频率 | 检验方法 |
|---|---|---|---|
| 外观 | 全线连续 | 胶结料无明显囤积、流淌或漏洒，碎石无明显囤积、漏撒 | 目测 |
| 胶结料洒布量（$kg/m^2$） | 设计值±0.2 | 1 次/d | T 0982 |
| 胶结料洒布温度 | 符合设计要求 | 1 次/d | 温度计量测法 |
| 碎石撒布量（$kg/m^2$） | 设计值±0.5 | 1 次/d | T 0982 |
| 碎石剥落率 | ≤10% | 5 点/km | JTG 5142—2019 附录 C.1 |
| 碎石覆盖率 | 符合设计要求 | 5 点/km | JTG 5142—2019 附录 C.2 |
| 宽度（mm） | 不小于设计值 | 5 点/km | 钢卷尺法 |

## 6.8 精细抗滑保护层

**6.8.1** 精细抗滑保护层应使用专用摊铺机进行摊铺，铺筑后的表面应平整，不得有拖拉的严重划痕。对大型施工机具难以施工的局部位置，可采用人工补摊并刮平，并确保表面平整。

**6.8.2** 对纵向接缝，摊铺时应重叠 100~200 mm，并采用人工及时修正，横向接缝宜做成对接缝。横向接缝和纵向接缝处不得出现余料堆积或缺料现象。

**6.8.3** 精细抗滑保护层材料推荐用量见表 6.8.3。

**表 6.8.3 精细抗滑保护层材料推荐用量**

| 序号 | 种类 | | 单位 | 推荐用量范围 |
|---|---|---|---|---|
| 1 | 集料 | 细型 | $kg/m^2$ | 12(14)~16(18) |
| | | 粗型 | | 16(18)~20(22) |
| 2 | 油石比 | 细型 | % | 6.5~8.5 |
| | | 粗型 | | 6.0~8.0 |
| 3 | 水泥(占集料的质量百分比) | | % | 0~2 |
| 4 | 外加水量(占集料的质量百分比) | | % | 6~9 |

注:当同步碎石封层所用碎石规格为 9.5~13.2 mm 时,表中集料用量采用括号内的数值。

**6.8.4** 施工过程中应对同步碎石封层进行抽样检验,检验要求应符合表 6.8.4 的规定。

**表 6.8.4 精细抗滑保护层施工过程检验要求**

| 项目 | 要求 | 检验频率 | 检验方法 |
|---|---|---|---|
| 稠度 | 适中 | 1 次/100 m | 经验法 |
| 油石比 | 施工配合比的油石比±0.2% | 1 次/d | 三控检验法 |
| 矿料级配 | 满足施工配合比的矿料级配要求 | 1 次/d | 摊铺过程中从矿料输送带末端接出集料进行筛分 |
| 外观 | 表面平整、均匀,无离析,无划痕 | 全线连续 | 目测 |
| 摊铺厚度 | -10% | 5 个断面/km | 钢尺测量或其他有效手段,每幅中间及两侧各 1 点,取平均值作为检测结果 |
| 浸水 1 h 湿轮磨耗 | ≤540 $g/m^2$ | 1 次/7 工作日 | — |
| 横向接缝 | 对接,平顺 | 每条 | 目测 |

# 7 质量检查与验收

## 7.1 一般规定

**7.1.1** 除应满足本标准相关规定外，复合封层的质量评定、验收还应按现行《城镇道路工程施工与质量验收规范》CJJ 1 的规定执行。

**7.1.2** 竣工验收前，施工单位应根据竣工文件编制的有关规定整理施工档案，编制并移交竣工文件。

## 7.2 质量验收

**7.2.1** 原材料质量应符合下列要求：

**1** 道路用沥青的品种、标号应符合国家现行有关标准和本标准4.1节和4.2节的有关规定。

检验数量：按进场批次，每批次1次。

检验方法：查出厂合格证、检测报告并进场复检。

**2** 粗集料、细集料、矿粉、水泥、水及添加剂等的质量和规格应符合本标准4.3节、4.4节和4.5节的有关规定。

检验数量：按进场批次，每批次1次。

检验方法：查出厂合格证、检测报告并进场复检。

**7.2.2** 复合封层工程完工后，应将施工全线以1 km作为一个评价路段按以下规定进行检验和验收。

主控项目

**1** 抗滑性能、渗水系数和厚度应满足表7.2.2的要求。

检验数量：符合表7.2.2的规定。

检验方法：符合表7.2.2的规定。

**表 7.2.2　复合封层施工验收要求**

<table>
<tr><th colspan="3">项目</th><th>检验频率</th><th>质量要求</th><th>试验方法</th></tr>
<tr><td rowspan="4">主控项目</td><td rowspan="2">抗滑性能</td><td>横向力系数 $SFC_{60}$</td><td>全线连续</td><td>≥50</td><td>T 0967</td></tr>
<tr><td>构造深度 TD</td><td>5 个点/km</td><td>≥0.50 mm</td><td>T 0961</td></tr>
<tr><td colspan="2">渗水系数</td><td>3 个点/km</td><td>≤10 mL/min</td><td>T 0971</td></tr>
<tr><td colspan="2">厚度</td><td>2 个断面/km</td><td>-10%</td><td>钢尺测量或其他有效手段,每幅中间及两侧各 1 点,取平均值作为结果</td></tr>
<tr><td rowspan="4">一般项目</td><td colspan="2">外观</td><td>全线</td><td>表面平整、密实,无松散、花白料、轮迹和划痕</td><td>目测</td></tr>
<tr><td colspan="2">横向接缝</td><td>每条</td><td>对接,平顺</td><td>目测</td></tr>
<tr><td colspan="2">纵向接缝</td><td>全线连续</td><td>宽度<80 mm;不平整<6 mm</td><td>目测或用尺量 3 m 直尺</td></tr>
<tr><td colspan="2">边线</td><td>全线连续</td><td>任一 30 m 长度范围内的水平摆动不得超过±50 mm</td><td>目测或用尺量</td></tr>
</table>

一般项目

**2**　表面应平整、密实、均匀,无松散、花白料、轮迹和划痕。

检验数量:全线连续。

检验方法:符合表 7.2.2 的规定。

**3**　横向接缝、纵向接缝和边线质量应符合表 7.2.2 的规定。

# 本标准用词说明

**1** 为了便于在执行本标准条文时区别对待,对要求严格程度不同的用词说明如下:

(1)表示严格,非这样做不可的:

正面词采用“必须”,反面词采用“严禁”。

(2)表示严格,在正常情况下均应这样做的:

正面词采用“应”,反面词采用“不应”或“不得”。

(3)表示允许稍有选择,在条件许可时首先应这样做的:

正面词采用“宜”,反面词采用“不宜”。

(4)表示有选择,在一定条件下可以这样做的,采用“可”。

**2** 条文中指明应按照其他有关标准执行的写法为“应符合……的规定”或“应按……执行”。

# 引用标准名录

1 《城镇道路工程施工与质量验收规范》CJJ 1
2 《城镇道路养护技术规范》CJJ 36
3 《路面稀浆罩面技术规程》CJJ/T 66
4 《公路工程沥青及沥青混合料试验规程》JTG E20
5 《公路沥青路面施工技术规范》JTG F40
6 《公路工程质量检验评定标准第一册 土建工程》JTG F80/1
7 《公路养护安全作业规程》JTG H30
8 《公路工程集料试验规程》JTG E42

河南省工程建设标准

# 城市道路功能化复合封层技术标准

# Technical standard for functional composite seal of urban road

DBJ41/T 253-2021

## 条 文 说 明

# 目　次

# 1 总　则

**1.0.1** 复合封层具有封水、防滑、耐磨和改善路表外观的作用，它采用同步碎石封层和精细抗滑保护层共同组成，受力原理为粗集料的嵌挤作用，经过多个工程项目验证，复合封层的功能效果明显，且耐久性好。在总结工程实践经验的基础上，为推广新技术、新成果，提高路面工程质量，适应我省城镇道路路面建设发展需要，制定本标准。

**1.0.2** 本条阐明了本标准的适用范围。复合封层可用于不同等级的城镇道路，对于现状路面进行技术状况检测后符合本标准要求的沥青路面、桥面及钢筋混凝土路面等可按照本标准实施。普通水泥混凝土路面因施工缝传力装置或底部脱空等病害不易发现，在实际案例中部分工程路面后期出现开裂病害，因此普通水泥混凝土路面应经过论证，参照执行。

**1.0.3** 本标准在编制过程中参考了现行的相关规范，因此在具体使用过程中应将相关规范作为本标准的补充。

# 2 术语

**2.0.1** 复合封层由同步碎石封层和精细抗滑保护层共同组成，其中同步碎石封层位于下部，主要起封闭路表空隙和裂缝的作用，并能有效延缓反射裂缝的发展；精细抗滑保护层位于上部，具有优异的封水和耐磨耗性，并能为车辆提供平整抗滑的行驶表面。经过多年研究和大量工程实践，复合封层能有效保护原有路面结构层，提高路面服务水平，延长道路使用寿命，与精铣刨配合实施还能在一定程度上改善路面的平整度，提高与原路面的结合状况。

**2.0.2** 碎石封层按使用的沥青胶结料类型可分为改性热沥青碎石封层和改性乳化沥青碎石封层，按采用的工艺可分为同步碎石封层和异步碎石封层。同步碎石封层是利用同步碎石封层机进行施工的工艺，经过多年研究和实践，相比异步碎石封层，沥青和集料同步洒（撒）布使集料能更好地“浸入”沥青中，集料和沥青的黏附效果更好。本标准中采用的 SBS 改性沥青同步碎石封层是一种成熟的工艺，鼓励在技术条件成熟的地区和项目中采用其他性能更好的改性胶结料，提高同步碎石封层的性能和使用效果。

**2.0.3** 精细抗滑保护层是在对原路面精铣刨后实施的一种超薄磨耗层，具有抗滑、防水、降噪和抗磨耗等作用，可有效保护原路面结构层，延长道路使用寿命。精细抗滑保护层的级配是在微表处级配范围的基础上优化而来，它突破了现行规范中微表处的级配范围，经大量工程实践，摊铺后可形成集料粒径均匀、密实、大小基本一致的表观效果，比起传统的微表处，噪声更低，行车舒适性好。

**2.0.4** 精铣刨是在标准铣刨工艺的基础上增加铣削转子（铣刨鼓）的数量产生的一种铣刨工艺，最主要的区别是刀间距的细密程度。其铣削转子远大于标准铣刨，刀间距一般不大于 8 mm。实施精铣刨后的路表比标准铣刨的纹理要更细密，平整度也更好。

# 3 基本规定

**3.0.1** 复合封层主要通过封闭路表空隙和裂缝,有效延缓反射裂缝的发展,从而提高路面的渗水性和耐磨耗性。它不参与路面结构厚度的计算,因此在实施前必须对路面强度和技术状况进行检测,检测指标满足本标准要求后方可实施。

**3.0.2** 为了保证复合封层与原路面之间的层间粘结性和平整度,一般要对原路面进行精铣刨,并撒布粘层油。

**3.0.3** 复合封层在实施时,同步碎石封层厚度一般为6~12 mm(采用4.75~9.5 mm集料时厚度一般为6~8 mm,采用9.5~13.2 mm集料时厚度一般为10~12 mm),精细抗滑保护层厚度为6~8 mm。根据大量工程实践,复合封层的总厚度一般为12~15 mm(采用4.75~9.5 mm集料的同步碎石封层)和16~18 mm(采用9.5~13.2 mm集料的同步碎石封层)。设计时可根据道路状况、等级、交通量和气候情况等选择不同材料和厚度的组合形式,并通过试验段测定最终复合封层的厚度。

**3.0.4** 复合封层中精细抗滑保护层和同步碎石正常情况下结合料均可采用SBR改性乳化沥青,但因施工中乳化沥青破乳需要时间,因此当受开放交通限制时,同步碎石封层可采用SBS改性沥青作为结合料。

# 4 材　料

## 4.1　SBR 改性乳化沥青

由于铺筑在道路表面，在夏季入伏后，我省城市道路路表温度可达到 60 ℃以上，为保证更好的高温性能，加强层间粘结，本标准提高了所用 SBR 改性乳化沥青的软化点。

## 4.2　SBS 改性沥青

同 4.1 的情况，为保证更好的使用性能，本标准提高所用 SBS 改性沥青的软化点。

# 5 路面技术状况检测及要求

本章给出了沥青混凝土和水泥混凝土路面的评价内容和评价指标,评价方法应符合《城镇道路养护技术规范》CJJ 36 的相关规定。复合封层主要用于提高现状道路的抗滑性能、渗水能力和耐久性,不作为道路的承重层,因此现状道路的技术状况须满足本章要求,方可实施。对路面抗滑性能和渗水指标有一项不满足要求的,即可使用复合封层。若现状路面的技术状况指标不满足本章规定,须对现状道路进行修复处治,处治后的路面强度满足要求且经专家综合论证后,方可采用复合封层技术。

# 6 施工要求

## 6.1 一般规定

大量的研究和工程实践表明,施工时气温在 10 ℃以下,混合料的成型速度十分缓慢,长时间无法开放交通,或开放交通初期有较多的粗集料飞散,因此规定施工温度不应低于 10 ℃。实际施工应尽量避免在低温季节进行,有利于城镇道路快速开放交通的需要。

## 6.2 配合比设计

精细抗滑保护层级配范围比微表处级配范围更粗,根据类型不同增加 4.75 mm 和 2.36 mm 的石料用量,经调整的级配可以形成平整、密实、粒径均一的表观效果,根据需要也可适当减少其他档石料用量,以降低车内噪声。

## 6.4 试验段铺筑

高温季节施工,稀浆混合料会出现乳化沥青提前破乳的情况,影响实际施工。实际施工时可在试验室配合比设计的基础上,适当提高 0.5%~1.0%的外加水量,避免可拌和时间过短,无法正常摊铺的情况。但也应确保增加的外加水不会对稀浆混合料的路用性能产生影响。

## 6.5 精铣刨

实施精铣刨的目的主要有三个:一是对标高有严格要求的情况,通过精铣刨可以不改变施工前后路面标高;二是路面不洁净是后期复合封层脱落的重要原因之一,精铣刨可以彻底清除原路面表面的污染(特别是油渍、油斑等难以通过清扫彻底清除的污染),这对保证复合封层与原路面的粘结十分重要;三是可以在一定程度上改善原路面的不平整。

## 6.7 同步碎石封层

**6.7.4** 同步碎石封层施工结束后应采用胶轮压路机碾压,这是为了稳固表面撒布的集料,使集料很好地嵌入沥青层内。对于多余的集料应进行回收,一是避免多余石料夹在同步碎石封层和精细抗滑保护层之间影响粘结性,二是可避免材料浪费。

## 6.8 精细抗滑保护层

**6.8.1** 横向波纹是精细抗滑保护层常见的表观缺陷,造成的原因及解决措施主要有以下几种:

(1)摊铺箱调节与设定不当,应重新调定;

(2)稀浆混合料过稠,应适当增加用水量,将稠度降低;

(3)施工时气温过高,待气温降低后再行施工;

(4)混合料破乳速度过快,应查找产生破乳速度不合适的原因,并采取有针对性的措施。

**6.8.4** 精细抗滑保护层的密实性、平整度和噪声等会随着开放交通的时间进一步改善。这是因为车辆行驶会对精细抗滑保护层进行碾压,在一定程度上造成混合料集料的二次排布。

# 7 质量检查与验收

本章规定了复合封层质量验收的特有内容，除本章规定内容外，还应符合《城镇道路养护技术规范》CJJ 36 的规定。